Juan Valera

De la naturaleza y carácter de la novela

Barcelona **2024**
Linkgua-ediciones.com

Créditos

Título original: De la naturaleza y carácter de la novela.

© 2024, Red ediciones S.L.

e-mail: info@Linkgua-ediciones.com

Diseño de cubierta: Michel Mallard

ISBN rústica: 978-84-9953-934-8.
ISBN ebook: 978-84-9953-935-5.

Sumario

Brevísima presentación

La vida

Juan Valera (18 de octubre de 1824, Cabra). España.

Era hijo de José Valera y Viaña, oficial de la Marina, y de Dolores Alcalá-Galiano y Pareja, marquesa de la Paniega. Tuvo dos hermanas, Sofía y Ramona y un hermanastro: José Freuller y Alcalá-Galiano.

Su padre vivió de joven en Calcuta y adoptó posiciones liberales. Por ello fue removido de su puesto. Tras la muerte de Fernando VII en 1834, el nuevo gobierno liberal fue rehabilitado y se le nombró comandante de armas de Cabra y después gobernador de Córdoba.

La madre se opuso a que Juan Valera siguiera la carrera militar. Este estudió Lengua y Filosofía en el seminario de Málaga entre 1837 y 1840 y en el colegio Sacromonte de Granada, en 1841. Luego estudió Filosofía y Derecho en la Universidad de Granada, donde se graduó en 1846.

En 1844 publicó primer libro de poemas. Leyó mucha poesía, y en particular a José de Espronceda, y a los clásicos latinos: Catulo, Propercio y Horacio. Hacia 1847 empezó a ejercer la carrera diplomática en Nápoles junto al embajador Ángel de Saavedra, duque de Rivas. Vuelto a Madrid, frecuentó las tertulias y los círculos diplomáticos a fin de conseguir un puesto como funcionario del Estado.

Así viajó por Europa y América. En Lisboa empezó su amor por la cultura portuguesa y el iberismo político. De regreso a España, empezó a escribir y publicar ensayos en 1853 en la *Revista Española de Ambos Mundos*; en 1854 fracasó en un intento de ser diputado, y por entonces estuvo en los consulados de España en Frankfurt y Dresde con el cargo de secretario de embajada.

Hacia 1857 se fue seis meses con el duque de Osuna a San Petersburgo; polemizó con Emilio Castelar en *La Discusión*, y escribió su ensayo *De la doctrina del progreso con relación a la doctrina cristiana*. Asimismo, tras ser elegido diputado por Archidona en 1858, escribió en numerosas revistas como redactor, colaborador o director.

El 5 de diciembre de 1867 se casó en París con Dolores Delavat, veinte años más joven y natural de Río de Janeiro, y tuvo tres hijos: Carlos Valera, Luis Valera y Carmen Valera, nacidos en 1869, 1870 y 1872.

Durante la Revolución española de 1868 fue un cronista de los hechos y escribió los artículos «De la revolución y la libertad religiosa» y «Sobre el concepto que hoy se forma de España».

Juan Valera fue elegido senador por Córdoba en 1872 y en ese mismo año fue director general de Instrucción pública; en 1874 publicó su obra más célebre, *Pepita Jiménez* y, en esa época, conoció a Marcelino Menéndez Pelayo, con quien hizo gran amistad.

En 1895 perdió casi por completo la vista, se jubiló y volvió a Madrid; allí publicó *Juanita la Larga* (1895), y *Morsamor* (1899); frecuentó diversas tertulias y tuvo una en su propia casa.

Valera fue elegido miembro de la Academia de Ciencias Morales y Políticas en 1904. Murió en Madrid el 18 de abril de 1905 y fue enterrado en la sacramental de San Justo.

Sus restos fueron exhumados en 1975 y llevados al cementerio de Cabra.

Capítulo I

No seré yo quien ponga en duda el justo título con que el señor Nocedal pudo pretender y alcanzar la honra de sentarse entre los dignos individuos de la Academia Española. Bástanle los que nadie puede negarle, de escritor elegante y de orador elocuentísimo. Si el ser además un docto jurisconsulto, un diestro abogado, y uno de los hombres políticos más importantes de nuestra patria, no es precisamente lo que se requiere para entrar en la mencionada Academia, no ha de negarse, con todo, que estas envidiables y honrosas cualidades, dan grande autoridad a quien las posee, y le hacen merecedor de cualquier distinción por extraña que parezca.

El discurso que pronunció el señor Nocedal en su recepción vino a confirmarme en mi pensamiento. Este discurso, por lo bien escrito y aún por lo bien leído, justificó la elección de la Academia. A los que nos dejamos seducir por la tersura y belleza del estilo, nos deslumbró el señor Nocedal hasta el punto de que aplaudiésemos las ideas que expone; pero estas ideas, por desgracia, no resisten al detenido examen que se hace de ellas en la lectura, y condenadas más que por falsas, por vulgares, dejan reducido el discurso a una mera, aunque brillante declamación.

Escrito ya aunque no publicado este artículo, han aparecido otros sobre el mismo asunto en varios periódicos de la corte. Uno de ellos acusa de plagiario al señor Nocedal; pero mi intento no es acusarle ni defenderle. Yo trato de impugnar las teorías de su discurso; poco me importa que esas teorías sean propias del nuevo académico, o estén tomadas de una obra francesa, que confieso no haber leído.

Yo doy por cierto, que si el señor Nocedal hubiese escogido asunto más conforme a la índole de sus severos estudios, hubiera acertado a componer una disertación, en la cual el fondo no desdijese de la forma ¿Qué elevadas razones y qué tesoros de filosofía política no hubieran salido de sus labios, si en vez de ocuparse de novelas hubiera desenvuelto en su discurso la idea que apunta al principio de él, de que el idioma es prenda de nacionalidad y signo de raza? ¿Con qué brío y con qué fervor no nos hubiera de mostrado, que es menester conservar nuestro idioma en toda su pureza, porque en él está el espíritu, el alma del pueblo? ¿Con qué evidencia no hubiera probado que una lengua como la nuestra, en la cual han encarnado Cervantes y Calderón sus divinos pensamientos, no solo es un blasón glorioso, sino también una promesa de la inmortalidad y de la excelencia del pueblo que la habla? El señor Nocedal hubiera deducido de aquí la importancia de la Academia, defensora y guardadora de la pureza del lenguaje, y hubiera condenado, hasta como a reos de esa nación, a los que a sabiendas le corrompen, afean y destruyen, sin considerar que está en él lo más duradero y esencial de la vida de las razas y de las nacionalidades.

Si bajo el yugo de los turcos no hubiera conservado la Grecia el habla de Homero, ni hubiéramos presenciado en nuestra edad la sublime resurrección de aquella nación, ni se hubiera admirado el mundo de las hazañas de los suliotas, ni del heroísmo de Misolonghi, ni de la constancia y valor de Kanaris, Botzaris, Tsavelas y otros dignos émulos de Temistocles y de Leonidas. El Dante, creando una lengua literaria, común a todos los Estados italianos, hizo nacer en las almas la constante aspiración a la unidad política de Italia que, merced a los dichosos esfuerzos de la casa de Saboya, propende al cabo a realizarse; y Camoens, escribiendo Os Lusiadas, levantó el mayor obstáculo a la unión de su pueblo con España, porque magnificó el lenguaje y santificó el signo característico de independencia de la nacionalidad portuguesa.

En suma, yo entiendo que el señor Nocedal, hubiera podido escribir un magnífico discurso sobre la importancia y significación política de los idiomas y sobre la conveniencia de velar por el esplendor y pureza del que nosotros hablamos; pero el señor Nocedal, como ya hemos dicho, pasó ligeramente de este asunto al de las novelas, en el cual, harto se conoce que no está tan versado como en jurisprudencia, administración y otras ciencias de gobierno.

El señor Nocedal empieza por aceptar como buena la definición lastimosa que del género de poesía de que vamos a ocuparnos da el Diccionario de la Academia.

Llamo a la novela poesía, aunque las novelas por lo general se escriben en prosa, porque ni son historia, ni ciencia, ni filosofía, y aunque no estén en verso no dejan de ser parto de la imaginación poética. El mismo señor Nocedal está más que de acuerdo conmigo, cuando califica de poemas las novelitas de costumbres de Fernán Caballero. Poesía, pues, son las novelas, aunque poesía libre del metro y con mayor licencia para descender de lo sublime y noble a lo vulgar y pedestre que lo que estrictamente se llama poesía. El señor Nocedal condena, sin embargo, la novela, valiéndose de la autoridad del Diccionario, a que se limite a lo pedestre y vulgar, ya que ha de estar siempre tejida de los casos que comúnmente suceden; lo cual si fuera exacto, nos llevaría a negar a las mejores y más discretas e ingeniosas novelas la calidad de tales. ¿Quién ha de creer, por ejemplo, que todo lo que se cuenta en El Quijote sucede o puede suceder comúnmente, aun dadas las costumbres y las creencias de la época en que El Quijote se escribió? Los palos recibidos y los molimientos y la mala ventura del pobre don Quijote serán de los que comúnmente suceden, pero no está en eso lo esencial de la ficción de Cervantes. Si alguien hubiera dado de palos y molido los huesos y lastimado el alma a un loco o un cuerdo, de los que comúnmente suceden o hay en el mundo, y Cervantes hubiera escrito las desventuras de ese loco o de ese cuerdo, Cervantes hubiera compuesto una prosaica representación de la realidad y no la ficción peregrina, gloria de nuestra literatura. Pues qué, ¿sucede comúnmente que haya en el mundo real un personaje tan bello, tan rico de amor, de fantasía y de otras nobles prendas, tan lleno de fe y tan apasionado de lo ideal, tan extraño, en suma, y tan único como don Quijote? El poeta, ¿no le ha sacado del fondo de su alma, sin par, extraordinario, nuevo y dotado de una vida fantástica inmortal y más clara que la de los más grandes héroes de la historia?

La diferencia que media entre la historia y la poesía está en que la historia pinta las cosas como son, y la poesía como debieran ser; por lo cual, dice Aristóteles, que la poesía se adelanta y es mucho más filosófica que la historia. Si la novela se limitase a narrar lo que comúnmente sucede, no sería poesía, ni nos ofrecería un ideal, ni sería siquiera una historia digna, sino una historia, sobre falsa, baja y rastrera.

Imposible parece que el señor Nocedal, por sobrado amor al Diccionario de la Academia, haya venido a caer en el error teórico de los realistas. Y digo teórico, porque en la práctica los mismos realistas son idealistas sin saberlo. Feydau, Flaubert y Champfleury, se fingen y nos presentan un ideal, aunque perverso y abominable. Lo ideal es condición esencialísima de la poesía; un buen ideal dará por resultado una buena poesía; uno malo, una mala; pero ningún ideal, no da por resultado ni poesía, ni novela, que merezcan estos nombres.

El señor Nocedal incurre en la equivocación de citar a Cervantes, como autoridad crítica. No será el señor Nocedal más que yo entusiasta de Cervantes, y sin embargo, no le doy autoridad ninguna. Cervantes era un poeta inspirado, no un crítico reflexivo. Creaba maravillas como por un instinto o una virtud del cielo; pero no sabía analizar ni explicar el secreto de esta virtud. Moisés (y permítaseme que me valga de esta comparación sagrada) hacía prodigios con su vara, y no tan solo no sabía como los hacía, sino que ignorante acaso de las ciencias naturales, no acertaba a ponderar toda la grandeza de esos prodigios mismos. Así, Cervantes escribe El Quijote, y ni acierta a explicar como ha obrado aquel prodigio, ni a estimarle en toda su grandeza, a no ser vagamente y más por sentimiento que por reflexión. Por reflexión, Cervantes prefería el Persiles.

La crítica literaria, por otra parte, o estaba muy atrasada o no existía en España en la época de Cervantes, lo cual, por manera alguna se opone a que hubiese inspiración, y a que escribiesen Calderón, y Lope, y Moreto, y Garcilaso, y Mendoza. Homero y Hesíodo escribieron, no solo sin crítica literaria, sino hasta sin gramática. Algunos siglos después fue cuando se le ocurrió a un solista dividir los nombres en masculinos y femeninos, lo cual, pareció la más absurda novedad, y dio ocasión a las mismas burlas que más adelante la poética de Aristóteles y que la estética en el día han promovido y promueven.

Deduzco yo de lo dicho, que citar ahora a Cervantes, como autoridad crítico literaria, equivale a sostener en química una opinión contraria a las de Thenard, Liebig u Orfila, apoyándose en la autoridad de Lulio, de Cornelio Agripa o do Paracelso.

Hay un pasaje en que el glorioso manco de Lepanto se diría que quiere desterrar de la novela lo sobrenatural y maravilloso; y esto basta para confirmar al señor Nocedal en la idea de que el Diccionario de la Academia tiene razón que le sobra. No son, pues, novelas, ni hay para que darles semejante título, Las mil y una noches, el Persiles, y hasta la Galatea, aún cuando no sea más sino porque nunca hubo pastores tan atildados y discretos. Tampoco serán novelas, aunque el señor Nocedal las llame novelas, aquellas portentosas tradiciones de la comarca, que en las aldeas refiere una anciana junto al hogar, y aquellos cuentos que una tierna y adorada madre os narraba y que casi siempre solían ser de hadas, hechiceras, asombros y otras cosas que no son de las que comúnmente suceden, sino de aquellas que, como dice el mismo señor Nocedal, no hay medio de que sucedan, en lo humano.

El señor Nocedal y la Academia quieren con razón que la novela sea verosímil: pero el señor Nocedal ha hecho una deplorable confusión de la verosimilitud vulgar y de la científica, con la verosimilitud artística o estética: de lo que debe parecer verdadero en el mundo encantado de la fantasía; con lo que puede parecerlo o no parecerlo en nuestro mundo real, según las diversas preocupaciones, la religión y la ciencia del que juzga y decide. Para el señor Nocedal, por ejemplo, y para mí, que somos buenos católicos, nada hay tan verosímil como el que haga milagros un bienaventurado siervo de Dios; para un físico o un químico racionalista nada hay más absurdo: mucha parte del vulgo cree aún en los duendes, y el señor Nocedal y yo no creemos: los persas y los árabes creen en las hadas, en las peris y en los genios, y los europeos creen o han creído en las brujas: los mahometanos tienen por artículos de fe las patrañas del Korán, y los indios las encarnaciones de Brahma: Pregunto yo, ¿a cuál de estos criterios hemos de apelar para escribir una novela verosímil?

Creo que a ninguno. En el mundo de la fantasía, que es el mundo de la novela, debemos admitir, no ya como verosímiles, sino como verdaderos todos los legítimos engendros de la fantasía. El criterio de la verosimilitud fantástica es el que decide sobre la legitimidad de esos engendros, sometidos en su nacimiento, en su desarrollo y vida, a ciertas leyes de conveniencia y de lógica. Así, por ejemplo, un hombre dotado de la facultad de volar nada tiene de inverosímil en novela: pero lo tendría, si el poeta que le crease no tuviese al propio tiempo bastante magia de estilo y bastante virtud representativa para trasladarnos a las regiones imaginarias en que es verosímil que un hombre vuele y para pintárnosle de modo que, a despecho de nuestra incredulidad, le veamos ir por el aire. Por lo demás, este hombre, salvo la rareza del vuelo, debe ser parecido a los otros hombres en su modo de obrar, pensar y sentir. Podremos prestarle índole, inteligencia y pasiones sumamente extraordinarias, pero, supuestas estas premisas, todos los actos, razonamientos y sentimientos del hombre volador, deberán ser lógicas y bien deducidas consecuencias de ellas.

Párese un momento el señor Nocedal, y considere las ridículas contiendas que se suscitarían si, para decidir de la verosimilitud de las obras poéticas, nos valiésemos del mismo criterio que para juzgar de la verosimilitud de los casos del mundo real. Supongamos que en una hermosa novela histórica se pinta la batalla de Clavijo y aparece el Apóstol sobre un caballo blanco, matando moros. Yo tendré entonces por absurda y ridícula la novela, porque entendido el caso materialmente, no puedo admitirle por cierto. Personas piadosas o crédulas hay aún, sin embargo, que la tienen por positivo. ¿Quién, entre esas personas o yo, ha de decidir que el caso es verosímil? Claro está que ninguna. Pero busquemos la verosimilitud estética del caso y la hallaremos todos. La verosimilitud estética está en la conciencia de los guerreros cristianos, fervorosos y entusiastas, que entonces combatieron por Cristo contra los infieles. Ellos tuvieron bastante fe en el alma para ver al Apóstol que combatía a su lado, como los griegos vieron a Aquiles muchas veces, y los romanos a Quirino y a Castor y Pólux. Y siendo esto cierto, como indudablemente lo es, no solo es verosímil, sino también estéticamente verdadera la aparición del Apóstol. La visión de aquellos espíritus creyentes, y no otra cosa es la que se objetiva y presenta en la obra de arte. Los que no creen en apariciones de muertos van al teatro y creen en la sombra de Banco que toma asiento en el festín. Donde realmente está la sombra de Banco es en la conciencia criminal y turbada de Macbeth: pero los espectadores penetran en la conciencia de aquel asesino, y allí, en un tiempo y en un espacio fantásticos, y no en el teatro, con todo aquel artificio más o menos grosero de escotillones, cuerdas y telas pintadas, ven el horrible espectro que se alza amenazador y espantoso.

¿Qué hombre, que esté en su cabal juicio, podrá creer en el siglo XIX en El convidado de piedra? Pero, quién (a no ser Moratín y los de su secta, para los cuales todo lo sublime que no estuviese en los clásicos griegos y latinos, y en los preceptistas franceses del siglo de Luis XIV, era el libro de los siete sellos), ¿quién ha de negar la sublimidad de la leyenda de don Juan Tenorio? ¿Quién ha de negar, aunque todo lo niegue, el poder y la virtud de la conciencia popular y religiosa, que, en nombre de Dios, condena al malvado y al ateo, y que prestando vida misteriosa a la estatua de mármol, suscita en ella un vengador terrible de las inultas abominaciones del impío?

Creo, pues, que lo sobrenatural no debe ni puede desterrarse de las representaciones estéticas; pero, como lo sobrenatural no está en armonía con lo común, menester es admitir también en la novela, o en cualquiera obra de arte, lo misterioso y lo extraordinario. De otra suerte, no podría cumplirse aquel juicioso precepto de Horacio;

Nec deus intersit, nisi dignus vindice nodus Inciderit.

Voy a explicarme y para ello me valdré del mismo ejemplo de don Juan Tenorio, comparando el de Tirso con el de su imitador Molière. Claro está que, para que el milagro de la estatua se justifique, conviene que don Juan sea una figura grandiosa, casi inverosímil según el criterio vulgar, un héroe tan satánico que no basten los hombres a castigarle y se requiera la intervención de la Omnipotencia divina que trastorne a este fin las leyes de la naturaleza. Esto lo entendió o lo adivinó Tirso, y su don Juan merece que Dios o el diablo se ocupen de él tan especialísimamente. Molière, con una crítica más vulgar y sin la inspiración del poeta español, hace de su don Juan un personaje más común, más verosímil. El don Juan de Molière, apenas seduce doncellas; con muchas no es el burlador, sino el burlado, que es lo que comúnmente sucede; el don Juan de Molière apenas mata hombres y hasta tiene que disfrazarse y huir para que no le apaleen. Así es que, siendo más verosímil el personaje de Molière que el de Tirso, en Tirso es lógico y digno y estéticamente verosímil el desenlace, y en Molière no lo es, a lo que yo entiendo. Su don Juan no merece morir de milagro, sino en presidio o de una buena paliza.

Vea, pues, el señor Nocedal como no solo es permitida, sino hasta indispensable en ciertos argumentos la creación de personajes dotados de facultades intelectuales, morales o físicas, superiores a las que comúnmente concedemos a los hombres del mundo real. Aún en el mismo mundo real, ¿me quiere decir el señor Nocedal, qué fisiología o qué psicología ha de juzgar y fallar sobre la verosimilitud de la extensión de las facultades humanas? ¿Somos acaso poseedores de la verdad infinita? ¿Hemos descubierto acaso todas las leyes de la naturaleza y señalado con precisión los límites de lo posible? ¿No hay, más allá de todas las regiones y épocas que ha explorado la ciencia, un universo incógnito e inexplorado, que puede el artista poblar a su antojo, sin que, no ya el criterio estético, pero ni el propio criterio científico tenga razones valederas y suficientes para negar la realidad de tales creaciones? Y no hay que decir que ese otro universo está lejos, más allá de las estrellas remotas, porque vivimos en él y respiramos el ambiente que en él se respira. En la superficie, en la corteza, en lo para nosotros sensible e inteligible de las cosas que nos rodean, está o puede estar la verdad conocida; pero en el fondo, en lo íntimo de las cosas todas, aún de las más vulgares, hay un abismo misterioso y arcano, donde la imaginación puede perderse y sonar maravillas. Cualquiera hombre de imaginación poética tiene debajo de su cama o detrás del estante de sus libros los siete castillos de las siete fadas, que pensaba ver don Quijote en el fondo del gran lago de pez hirviente.

El señor Nocedal sostiene también que nada extraordinario ni fuera del orden natural debe acontecer en la novela para que de ella resulte alguna enseñanza; porque imaginar que de elementos absurdos se pueden sacar deducciones prácticas y consecuencias útiles, es pensar lo excusado. Pero yo no puedo admitir este aserto, so pena de creer que no es absurdo que los animales hablen y discurran como nosotros, o de negar toda moralidad a las fábulas de Esopo. Absurdo es que Minerva, bajo la figura de Mentor, acompañe a Telémaco en sus peregrinaciones, y la obra de Fénelon está llena, a pesar de todo, de enseñanza moral, política y filosófica. Absurdos son los viajes de Gulliver, y no deja de reflejarse en ellos vivísimamente la negra e irreligiosa misantropía de quien los compuso. Absurdos son, por último el Cándido y el Micromegas, y no por eso dejan de sacarse de ambas novelas los más terribles argumentos de que los impíos pueden valerse para negar la bondad de la creación divina y para fundar, en los grandes descubrimientos astronómicos modernos, no la grandeza de Dios, sino la ruindad e insignificancia del hombre, indigno de que Dios se ocupe de él con especial providencia.

En las novelas de W. Scott, que elogia el señor Nocedal porque en ellas no se preparan y complican y desenlazan los acontecimientos por otras causas y resortes distintos de los comunes era la vida, intervienen, sin embargo, adivinos, brujas, espectros y otros seres sobrenaturales y misteriosos. Aquel novelista, si la memoria no me engaña, unió además el precepto al ejemplo y escribió un discurso sobre el empleo de lo sobrenatural y misterioso en las novelas.

Ya se entiende que lo fantástico ha de emplearse con sobriedad y discernimiento, para lo cual dan reglas los que han escritos sobre filosofía del arte, y para lo cual, aún sin reglas, pueden servir de guía el buen gusto y la feliz inspiración del que escribe.

Debo asimismo advertir aquí, que al empleo de lo sobrenatural se oponen a veces razones de conveniencia que si bien no se fundan en la doctrina estética, son aún más atendibles. Dios, desde luego, según un hombre de nuestra civilización le concibe en su mente, no debe intervenir de un modo inmediato en un poema por sublime que éste sea. ¿Qué forma hay adecuada a lo infinito y espiritual del ser divino? Pero la Virgen, los Santos y los Ángeles pueden estéticamente ser representados, y sin embargo, muy rara vez conviene que se representen para evitar una profanación, y para no convertir nuestra religión santa y verdadera en una mitología o en una teúrgia. La comedia de El Diablo predicador, artísticamente considerada, es chistosísima y buena, pero es detestable, si se mira por el lado de la religión, porque hace intervenir sus misterios en una farsa indecorosa. Lo mismo puede decirse del San Miguel, que aparece en el Orlando del Ariosto, con la diferencia de que el Ariosto, según lo que yo sospecho de su poquísima piedad, hace adrede la caricatura del Arcángel, y en El Diablo predicador peca de inocente y de candoroso el poeta. Homero pecó del mismo modo contra las divinidades gentílicas, y no pudo libertarse de los anatemas de Platón.

Concluyo, pues, diciendo que el empleo de lo sobrenatural y misterioso es permitido en las novelas, y muy conveniente cuando se hace con discreción y mesura; que los seres sobrenaturales, hijos de las falsas religiones o de la superstición popular, son más a propósito que los verdaderos seres sobrenaturales para que intervengan en la ficción de un poeta; y que los entes sobrehumanos, de cuya existencia sabemos por revelación, pueden, a pesar de los peligros mencionados, aparecer en un poema, en una leyenda o en un cuento, ya sea en verso, ya en prosa, con tal que el autor nos los presente de un modo digno y con el conveniente decoro. En este último género poco habría, a mi ver, en español, más perfecto, si conforme está bien ideado y trazado, estuviese bien escrito, que la historia de Lisardo y la monja Teodora, que don Cristóbal Lozano pone en sus Soledades de la vida y desengaños del mundo.

Capítulo II

Dejamos sentado que lo fantástico no se puede excluir de la novela, no que toda novela ha de participar por fuerza de lo fantástico según lo que generalmente se entiende por esta palabra.

La novela es un género tan comprensivo y libre que todo cabe en ella; con tal que sea historia fingida. Sin embargo, como toda buena novela tiene algo de poesía, siempre intervienen y siempre procuran los novelistas que intervengan en sus obras lo extraordinario, lo ideal, lo raro y lo peregrino. Por eso se llama novelesco lo que no sucede comúnmente.

Este horror de lo común, que tienen con razón los novelistas, ha llevado a unos, como a Chateaubriand y a Cooper, a imaginar las suyas en el seno de los bosques vírgenes de América, y a crear sus personajes entre los hombres selváticos, en lucha con la naturaleza, abandonados a la propia energía, libres y exentos de las leyes sociales, no sujetos a la tutela de un gobierno y campando por sus respetos, sin cédula de vecindad, sin reglamentos de policía y sin pasaporte. Sus fueros, sus bríos, sus pragmáticas, su voluntad; como los caballeros andantes.

Otros novelistas han ido, como Byron, a buscar sus héroes entre los klephtas y los piratas griegos; otros, como Méry, en la India, entre los fanáticos sectarios de Siva y de la Diosa Durga; y otros, como Mérimée; en Carmen y en Colomba, han venido a España o han ido a Córcega, procurando hallar todos un menos complicado orden social, en que el hombre esté más cerca de la naturaleza y en que se muevan más libremente sus pasiones y sus pasos no sean de continuo vigilados, ni sus actos prevenidos o castigados al punto.

Es indudable que uno de los más sublimes espectáculos, que a nuestro espíritu puede ofrecer el poeta, es el del libre albedrío, que sin coacción material, ejerce la facultad, si tremenda, nobilísima, de elegir lo bueno o lo malo, de salvarse o de perderse: y es también indudable que, si bien los bandos, leyes y reglamentos, y la vigilancia que suele haber en las bien concertadas repúblicas, no coartan la libertad interna, limitan en lo exterior el ejercicio de esta facultad y de otras energías del alma, buenas o malas; porque, cuidando y velando por nosotros la sociedad toda, a su desvelo y cuidado dejamos muchas cosas, en que de otra suerte desplegarían maravilloso poder nuestra voluntad y nuestro entendimiento. Con esta teoría se explica el encanto del Robinson y de otras novelas por el estilo. No voy yo hasta afirmar con ciertos filósofos que en una sociedad muy culta y bien ordenada sería absolutamente imposible la novela; pero sí afirmo que es más poético y novelesco el personaje que cumple su propia voluntad, que el que cumple la voluntad de otro; el que se defiende a sí mismo, que el que remite la propia defensa a un poder superior y extraño. Los contrabandistas son más poéticos y novelescos que los carabineros y que los vistas de aduana, y el valiente bandido Roque Guinart, y el terrible capitán Rolando, más novelescos y poéticos que los cuadrilleros y los alguaciles, que nos pintan el Gil Blas y El Quijote. Los trágicos griegos comprendieron instintivamente esta verdad, y fingieron todos sus personajes entre los tiranos y los príncipes que hacen lo que se les antoja, que no reconocen superior y que solo a la divinidad clan cuenta de sus acciones.

En el mundo en que vivimos, particularmente los individuos de la clase media, tenemos a menudo que seguir un carril, amoldarnos en una misma turquesa y ajustarnos a cierta pauta, todo lo cual amengua y descabala y aun destruye la autonomía novelesca, o por lo menos impide su manifestación y desarrollo. A no ser un forajido, esto es, a no estar fuera de la sociedad, o a no ser un mendigo, esto es, a no estar libre de muchas de las exigencias sociales, cualquiera honrado burgués de nuestros días se halla muy en peligro de que jamás le suceda cosa alguna que tenga visos de las que en las novelas suceden. Solo el tener uno mucho dinero le salva de este peligro. Por eso yo, siguiendo la opinión contraria del señor Nocedal, no le escatimo sus tesoros fantásticos al novelista; ni pongo tasa a sus liberalidades con Montecristo o con Abul-Casen. El dinero es en ocasiones la piedra angular de un edificio poético, así como la falta del vil metal impide que se levanten otros, cuyo plano y traza no pueden ser mejores.

Se me responderá a esto que hay novelas muy bonitas e interesantes, sin hadas, sin asombros y sin riquezas fabulosas, sino con personajes comunes que viven en una honrada medianía sin que les sucedan casos y lances notables y de estruendo; mas aunque así lo concertamos, no hemos de conceder de ningún modo que lo extraordinario ha de tenerse por de mala ley. Aun en las mismas representaciones en apariencia más prosaicas de la vida real, pone el autor, si son buenas, cierto misterioso idealismo. De otra suerte se expone a caer en la grosería de Paul de Kock o de Pigault Lebrun, o en el bajo realismo de algunas comedias de Bretón, como Dios los cría y ellos se juntan. El qué dirán y el qué se me da a mí, y otras.

El novelista cómico puede limitarse a pintar personajes, y a narrar sucesos vulgarísimos y hasta soeces, si gusta; pero ha de ser como contraste satírico de un ideal de limpieza, perfección y decente compostura, que ha de estar siempre presente y ha de purificar o poetizar aquellos cuadros. La escena en que Cervantes nos pinta la cita nocturna de Maritornes y los bestiales apetitos del arriero, viene a transformarse en una sublime poesía irónica, merced a los elevados sentimientos de don Quijote.

Hay otra clase de novelas, en las cuales, examinadas superficialmente, nada sucede que de contar sea. En ellas apenas hay aventuras ni argumento. Sus personajes se enamoran, se casan, se mueren, empobrecen o se hacen ricos, son felices o desgraciados, como les demás del mundo. Considerados aislada y exteriormente, los lances de estas novelas suelen ser todo lo contrario de memorables y dignos de escritura; pero, en lo íntimo del alma de los personajes, hay un caudal infinito de poesía que el autor desentraña y muestra, y que transforma la ficción, de vulgar y prosaica, en poética y nueva. Produce esto en el lector un encanto parecido al que tendría un zahorí que, caminando por una estéril llanura, penetrase con la vista en lo profundo de la tierra y viese allí los montones de piedras preciosas que han acumulado los gnomos: una ilusión semejante a la de Ferragut, en El Bernardo, cuando a la luz de la lámpara mágica se le convierte en hermosa y joven señora la vieja hechicera Arleta, y la pobre choza, en espléndido palacio.

De esta clase de novelas son modelos bellísimos muchas de Jorge Sand, sobre todo, las campestres. Sus rústicos son verdaderos rústicos, tostados del Sol, encallecidas las manos del trabajo, mal vestidos, peor comidos y sin una peseta: no son ideales y cortesanos pastores, engalanados de rosas y de moños, sin más ocupación que componer artificiosos versos o tocar el caramillo y en familiar convivencia y trato con las ninfas y los faunos y hasta con el mismo Amor y otras divinidades superiores; pero el Amor y la poesía los visitan interiormente y sacan de sus almas una luz encantadora, cuyo resplandor esclarece y trastrueca la escena como si la poblasen los faunos, las ninfas y todo el coro de las musas inmortales. No entro ahora en la cuestión de si Jorge Sand es un escritor más o menos inmoral o antisocial: solo sostengo que es un eminente poeta.

Suelen ser sus novelas de las que buscan lo ideal dentro del alma y que podemos llamar psicológicas.

De este género no negaré que se ha abusado mucho cayendo autores ingeniosísimos, como Balzac, en lo falso y en lo minucioso; y otros, aunque siempre verdaderos, pecando de prolijos, que es falta muy común entre los novelistas ingleses, empezando en Richardson y no excluyendo al autor de Waverley, reformador y renovador de la novela histórica.

Sobre este linaje de novelas pronuncia el señor Nocedal sentencias, a mi ver, muy justas, pero vagas y sujetas por consiguiente a una mala interpretación. Voy a tratar de darles la interpretación legítima. Para ello debemos observar primeramente, que dentro de un tiempo y de un espacio conocidos, siéndonos conocidas también cuantas cosas en ese espacio y en ese tiempo se encierran, no es dado imaginar lo más mínimo. El poseedor y el conocedor de un atlas geográfico moderno jamás hubiera escrito las peregrinaciones del infante don Pedro de Portugal, o de Simbad el marino, y Niebuhr, con su severa crítica histórica, no solo no hubiera escrito La Ciropedia, que es una novela histórica que falsifica la historia, pero ni siquiera hubiera escrito la historia de Tito Livio, porque es una historia en su entender llena de novelas. La Ciropedia, sin embargo, y los cuentos del infante don Pedro y de Simbad, no puede negarse que son muy lindos. Lo son además las leyendas del rey Artús y muchas proezas del Cid y de Bernardo del Carpio, y Las guerras civiles de Granada, de Ginés Pérez de Hita, y no pocas otras leyendas históricas que falsifican evidentemente la historia. Luego esta falsificación no es un pecado anti-estético: será a lo más una falta de tacto y de conveniencia en las circunstancias actuales, en que muchos, sabiendo o pretendiendo saber la historia, no consentimos que nos la desfiguren, ni para distraernos e interesarnos un rato. Ahora hay otras delicadezas que allá en los buenos tiempos antiguos no se usaban, y ni Tirso se atrevería a poner lacayos y ginoveses y Calle Mayor en la corte del rey David, ni Calderón el mar en la capital de Polonia.

En el día es menester dar a la novela y al drama históricos lo que se llama el color local y de la época, y aunque la exactitud en estas cosas más es merecimiento de arqueólogo y de erudito que de poeta, todavía da muestras de serlo eminente quien aprovecha con acierto esos materiales que la ciencia proporciona y adorna con ellos sus ficciones sin aburrirnos ni fatigarnos. W. Scott, si bien algo prolijo a veces, es admirable por su verdad histórica, y si aplaude el lector en él al erudito por lo que sabe, aún aplaude más al inspirado, por lo que adivina. Nadie ignora que leyendo el Ivanhoe concibió Tierry el pensamiento de su Historia de la conquista de Inglaterra por los normandos. La separación de ambas razas de vencedores y vencidos, su diversa condición social durante muchos siglos, y las consecuencias que de ello se originaron y dieron fundamento y causa al desenvolvimiento político de Inglaterra, son hechos históricos apenas sospechados por los historiadores hasta que W. Scott los consignó en el cuento susodicho.

Siguiendo después las huellas de W. Scott, se han escrito infinitas novelas históricas con más o menos acierto, y se ha usado y abusado del color local, sobre todo del de la Edad Media. No ha faltado asimismo quien haga excursiones a más remotas edades, como Bulwer en Los últimos días de Pompeya, y Gautier en La novela de la momia, en que nos pinta circunstanciadamente a Oph, Tebas o Diópolis magna, capital de Egipto, en tiempo del Faraón contemporáneo de Moisés.

Tiene este género no pocos inconvenientes, mas no son los mayores los que el señor Nocedal señala. Oír hablar a los procuradores de las villas y ciudades del siglo XIV como a los periodistas de oposición en el día, tal vez no tenga mucho de extraño, porque las pasiones y los sentimientos de los hombres se parecen en todos los siglos. Yo tengo por muy arduo y por punto menos que imposible el fijar los límites y señales que separen, con toda distinción y claridad, las ideas y se sentimientos comunes a la humanidad en todas las épocas, de aquellas que solo son propios de una edad o de un momento de la historia. ¿Quién ha escudriñado con bastante profundidad los anales del corazón y de la inteligencia de todo el género humano, para poder decir a ciencia cierta, esto es lo que se pensaba en el siglo IV, y esto es lo se sentía en el siglo IX? Ya se entiende que hablamos de pensamientos generales, morales y metafísicos, no de aquellos que se refieren a invenciones, instituciones y otras cosas concretas que, no existiendo entonces, mal podían dar lugar a pensamiento alguno. Es evidente que en la Edad Media nadie podía pensar en la dirección de Ultramar o en la Academia española. Yo doy también por averiguado que nadie pensaba entonces en telégrafos eléctricos, ni en pararrayos, si bien algunas personas eruditas aseguran que ya los hubo en Judea en el templo de Salomón.

Menester es no ser muy severos con los anacronismos metafísicos, aunque no sea más que por lo difícil que es ponerlos en evidencia. Seguro estoy de que al señor Nocedal lo parece un anacronismo todo lo que piensa, y dice el marqués de Posa en el don Carlos de Schiller: pero, ¿cuánto no se podría aducir en contra de este parecer? En otras ocasiones el anacronismo es patente, pero se perdona en gracia del buen uso que ha hecho de él el poeta: así la esclava griega, aquella bellísima figura del Sardanápalo de Byron. No hablemos de los poetas anteriores a nuestro siglo, tan celosos de la verdad histórica. En ellos todas las pasiones y los pensamientos son anacrónicos. Los personajes de Calderón, Racine y Corneille, nos parecen personajes del siglo XVII y cortesanos de Madrid y de Versalles, por más que se vistan a la romana, a la griega o a la babilonia. Por dicha son personajes humanos, que es lo que más importa y lo que más el arte requiere. Peor fuera caer en el extremo opuesto y a fuerza de querer dar el tinte de época determinada a los pensamientos, creencias y pasiones, fantasear personajes que nada tengan de humanos y que no sientan, ni piensen, ni hablen como los del mundo.

La lengua española del siglo XIV está escrita, vive materialmente en los documentos y en ellos podemos estudiarla y verla. Sin embargo, la mayor parte de los que han compuesto, en el día, versos o prosa en fabla antigua, recelo mucho que han fablado una fabla que nunca se fabló, ni en lo antiguo, ni en lo moderno; idéntico es mi recelo a propósito de los Contes drolatiques de Balzac. ¿Qué no tendré, pues, que recelar de sentimientos, ideas y otras cosas metafísicas que no se conocen sino por los efectos? Si para escribir una novela histórica se hubiese de proceder con la nimia escrupulosidad que el señor Nocedal exige, sería menester una erudición sobrehumana y no se escribiría esta clase de novelas.

En cuanto a la fidelidad en los retratos de los personajes históricos, también hay mucho que decir. No es tan hacedero obedecer el precepto del señor Nocedal y reproducir fielmente los verdaderos rasgos del modelo, sus costumbres y su alma. Sería necesario que hubiese una historia fehaciente, autorizada de un modo legal, para que todos se aviniesen con lo que dijera, y tan honda que lo desentrañase todo, sin dejar alma de hombre célebre por descubrir, a fin de que los novelistas pudieran copiarla. Una historia, por ejemplo, que dirimiese la contienda de los que creen un monstruo a Felipe II y de los que casi le creen un santo.

Por lo común no es el novelista quien calumnia con falsedades y mentiras al personaje que yace en el sagrado de la tumba. Quien le calumnia, si calumnia hay, es el historiador a quien el novelista ha seguido. La cuestión no es de crítica literaria, es de crítica histórica. Y crea el señor Nocedal que no pocas veces sería la cuestión tan cómica y tan difícil de decidir con buenas razones, como la que tuvieron don Quijote y Cardenio sobre la honestidad o amancebamiento de la reina Madásima. Ariosto ha dicho de la de Cartago.

> Elisa, che ebbe il cor tanto pudico,
> Or ríputata viene una bagascia
> Solo perché Maron non gli fu amico.

Esto no obsta para que sea muy digno de represión el historiador o el novelista que premeditadamente insulta la memoria de algún héroe o de algún ilustre personaje a quien todos sus compatriotas veneran. No hay más horrible ni más infame profanación histórica que la cometida por Voltaire con la heroína Juana de Arco. Manchar la fama de la doncella de Orleans es deslustrar una de las más nobles glorias de Francia. ¿Qué grito de indignación no se alzaría en nuestro país si algún perverso y mal avisado novelista se atreviese a poner en duda la clara virtud de Isabel la Católica? España volvería por ella, porque España toda es heredera de su gloria y debe defenderla como un buen hijo defiende el nombre y la memoria de su madre.

Hay personajes históricos, cuya grandeza y bondad son tan evidentes para todos, que la conciencia pública los ha santificado y canonizado. Los pueblos han cifrado en ellos su gloria, han puesto en ellos su alma, han reconocido en ellos su ideal. ¿Quién abrirá los labios para hablar de ellos, que no los bendiga y los colme de alabanzas?

Pero ya hemos hablado bastante sobre la novela literariamente considerada; pasemos ahora a tratar de su moralidad y de sus tendencias religiosas, filosóficas y políticas.

Capítulo III

Ya que hemos examinado de qué suerte ha de ser verosímil la novela, pasemos a hablar de su moralidad.

Sobre este punto no puedo menos de estar completamente de acuerdo con el autor del discurso que ha dado ocasión a este corto trabajo: las novelas han de ser morales o al menos inocentes. A lo que no me resigno es a conceder como una verdad incontrovertible, que las novelas del día son más deshonestas, torpes y dañinas que las que en otros tiempos se escribieron. Yo no puedo exclamar con el señor Nocedal: Vuelvan las musas a morar en regaladas florestas, con su gracioso antiguo continente, ceñida de flores la cintura; dejen de andar a pie y descalzas, desaseadas y en cabello por esas calles, y tornarán a ser queridas y respetadas. Vuelvan, vuelvan los tiempos en que el auditorio se entregaba en brazos de la risa, o derramaba lágrimas de ternura sin miedo ni escrúpulo en el teatro y sin peligro en la lectura de cuentos, narraciones y novelas. Como esos tiempos felices jamás han ocurrido, nadie puede desear que vuelvan.

Yo sostengo, por el contrario, que toda buena literatura, y muy singularmente las buenas novelas que ahora se escriben, son mil veces más morales y decentes que las que en lo antiguo se escribieron, y fueron tenidas por buenas y ejemplares.

Empecemos hablando de la decencia. La decencia, el recato y el comedimiento en el lenguaje, no son la moralidad misma; pero son clara muestra del respeto que a la moralidad se tiene. Así como en un salón elegante y entre personas cultas, no se sufrirían las palabras y frases que se consienten y hasta se aplauden en una taberna o en un garito, así en nuestra sociedad más culta y mejor mirada que las antiguas, no se sufren las groserías e insolencias que entonces no escandalizaban. El escritor público, ni aun como cita, ni aun para censurar, puede repetir ahora los dichos infames y las malas palabras que entonces se usaban sin que los oídos se ofendiesen, y tal vez sin que el rubor asomase a las mejillas de nadie. Todos nuestros autores, Quevedo, Tirso, Lope, el mismo Cervantes, están llenos de tales impurezas. Fácil nos sería recordarlas si no temiésemos ofender a nuestros lectores. Entre los autores extranjeros acontecía lo propio. ¿Quién escribe en el día con la desvergüenza, el cinismo y el impudor de un Aretino, de un Rabelais o de un Boccaccio? El mismo Shakespeare se sirve de expresiones que en el día pasarían por shocking en boca de un carretero inglés. ¿Qué autor, por licencioso que fuese, se atrevería, por ejemplo, a poner ahora, en boca de alguno de los personajes de un drama, estas palabras que Yago dice al padre de Desdémona; Your daughter and the moor are now making the beast with two backs?

Y no se diga que este modo de expresarse es cándido y patriarcal, y que las costumbres eran entonces mejores, aunque no había tanta hipocresía. No había entonces tanta hipocresía, porque sencilla y buenamente las costumbres eran mucho peores y groseras. El vicio que hoy mancilla y degrada, tal vez se excusaba entonces como falta ligera o graciosa travesura. El Jorge Dandin de Molière, el Marido burlado y puesto en ridículo, se ha dado en el teatro, en el gran siglo de Luis XIV, sin que nadie se escandalice. Doña María de Zayas y Sotomayor, señora muy principal de Madrid, publica entre sus novelas ejemplares, una, titulada El Prevenido engañado, en la cual se cuenta con notable complacencia una serie de adulterios chistosos, cuya moraleja es que todo hombre debe tratar de casarse con mujer de entendimiento para que le engañe con disimulo y sin que él lo sepa. El engaño, siendo, según Doña María de Zayas, cosa natural y asimismo precisa, lo único que se podía evitar era que por estupidez de la esposa, se hiciese sin arte y llegase el marido a entenderle, como le acontece al pobre héroe de la novela mencionada, que tomó mujer tonta de puro prevenido. No sé yo qué señora de España, por despreocupada que fuese, se atrevería hoy a dar al público novelas ejemplares por el estilo; ni tampoco creo que, ningún censor se atreviese a aprobarlas, como el padre Fr. José de Valdivieso, autor del poema de San José, persona de autoridad y razonable teólogo, aprobó las de doña María, diciendo que en aquel honesto y entretenido libro, no hallaba cosa que se opusiese a la moral cristiana.

¿Qué poeta, querido y mimado de la corte de Roma, publicaría hoy algo parecido al Jocondo, al Perro precioso, al lance del Ermitaño y de Angélica y a otros cuentos y episodios del Ariosto? ¿En qué teatro se consentiría hoy la representación de la Mandragola de Machiavelli, que fue representada delante de León X?

Sería cuento de nunca acabar el ir citando obras de imaginación, escritas en los buenos tiempos antiguos y notoriamente deshonestas. Otros vicios, más feos aun que la deshonestidad, se reían cuando no se perdonaban. Para mi señora Doña Esperanza de Meneses y Quiñones, no tiene Cervantes una palabra de reprobación, y en verdad que no nos da mejor ejemplo que la Dame aux camélias, si bien se muestra mejor instruida en su oficio. ¿Qué idea formaríamos de la sociedad española del tiempo de Felipe IV, si nos atuviésemos al retrato que nos hace de ella Quevedo?

Es indudable que hay en toda la sociedad europea, particularmente entre los pueblos que van al frente de la civilización, no solo un gran progreso material, sino también progreso moral.

A pesar de las declamaciones contra el mercantilismo de la época, no es el dinero tan poderoso móvil de las acciones de los hombres como lo ha sido en otras edades. La idea de que con dinero no hay honra de mujer o de hombre que no se pueda comprar, idea tan repetida por los autores antiguos, y tan fecunda en chistes, se tendría hoy por soez y chabacana, no ya en un libro, sino emitida en un casino o en una cena de la maison dorée entre calaveras y mujeres perdidas.

¿Qué mujer honrada no juzga hoy su honra y su virtud a prueba de pobreza, y hasta a prueba de hambre? Yo tengo por cierto, que no solo las mujeres honradas, sino hasta algunas de las mujeres galantes y poco escrupulosas, se habían de ofender si se las aplicase el chiste de Lope:

No estaba pobre la feroz Lucrecia,
Que a darle don Tarquino mil reales,
Ella fuera más blanda y menos necia.

El sentimiento de la propia dignidad es en el día más vivo y profundo que nunca, y hasta la hembra más infeliz se juzga capaz, sin creer por eso que se coloca entre las heroínas, de resistir a todos los Tarquinos, si los Tarquinos no le gustan.

En el día, sin embargo, se embarga, se compadece, ya que no se disculpa a la mujer que ha sido pervertida desde la niñez, antes que la conciencia y el pudor se despierten en su alma; se la considera capaz de arrepentimiento y de redención, y aún se ve en ella, por profanada que haya sido, a una criatura de Dios, hecha a su imagen y semejanza. Esto no es levantar en alto figuras de prostitución, y convertirlas en modelo de virtud y de grandeza. Augier, en La aventurera, Víctor Hugo, en Marion de Lorme, y hasta el mismo Dumas, a quien no defiendo sino relativamente, en su Dame aux camélias, no son tan inmorales como lo es en sus cuentos de cortesanas el más inocente de los autores de los buenos tiempos; no convierten a sus heroínas en otras tantas Magdalenas; pero tampoco las hacen llorar, porque se les acaba la salud o el dinero, sino por más altas y nobles razones.

El caballero de Grieux, en Manon Lescaut, estafa, roba y hace del rufián, sin perder la estimación de su querida, y sin dejar de ser todo un caballero. El abate Prevost, autor de la linda novela, pues no se ha de negar que la novela es muy linda, no condena acerbamente la conducta de su héroe, antes bien le pinta como una interesante víctima del amor. En el día, el caballero de Grieux, haciendo tales hazañas, hubiera dejado de ser caballero, y hubiera perdido la estimación de todos; tal vez hasta la estimación de la enamorada cortesana, su cómplice. El novelista, que hubiese narrado sus aventuras, nos le hubiera pintado como un sujeto despreciable. La conciencia pública es hoy más delicada que entonces. En prueba de esta verdad, aduciré otro ejemplo tomado de nuestra propia literatura. Tirso, en La Villana de Vallecas, nos pinta a un señor oficial, muy hidalgo, muy valiente, que vuelve de Flandes a España a pretender una encomienda, y que, a pesar de toda su hidalguía, roba la maleta, los papeles, el dinero y el nombre a otro caballero indiano. Todo esto, así por el efecto que produce en los demás personajes del drama, como por la sencillez y benevolencia con que el poeta lo mira, no pasaba entonces de una broma, de una travesura discreta. ¿Qué autor dramático osaría en nuestro tiempo atribuir travesura semejante a un oficial que volviese de la guerra de África?

No solo en novelas, sino en historias o relaciones de hace siglos, se ven caballeros pobres que buenamente se dejan mantener por señoras ricas, sin perder su crédito. Hoy, aunque suele alguna vez acontecer lo propio, siempre se censura con severidad al mantenido.

Tampoco se ponen hoy tan a menudo, en novela o en comedia, damas que se dejan seducir y que, vestidas de hombre o con cualquiera otro disfraz poco decente, se van por esos mundos, de venta en venta y de mesón en mesón, en busca del querido que las deja: ni se ve, como en La devoción de la cruz, a una monja que se escapa del claustro, que mata a diestro y siniestro y que se transforma en capitán de bandidos.

En las antiguas obras de entretenimiento, pasma a veces el candor o la inocencia de inmoralidad, la cual se puede confundir con la ignorancia y la grosería, pero no con la moralidad misma. ¿A qué jovencito de ahora se le ocurriría enviar mensajes a su novia con Celestina, como a Melibea se los enviaba Calisto? Se responderá que las señoritas de ahora no viven en tanto recogimiento y retiro; pero esta no es razón, porque si el recogimiento y el retiro han de servir para que tengamos que valernos de Celestinas, harto mejor es que las señoritas vayan a bailes, tertulias y paseos, y reciban en casa descubiertamente a sus galanes.

En suma, de cualquier modo que esta cuestión se mire, es fuerza convenir en que la sociedad presente, no solo es más culta, sino también más moral que la pasada, y en que la literatura amena, reflejo de la sociedad, tiene que ser y es, en el día, más moral y delicada que antes, aunque puede y debe serlo mucho más con el progreso de la civilización. Sabemos y confesamos, que aún se publican muy malos libros; pero no peores que los antiguos. ¿Qué libro moderno español se puede comparar a La C... comedia, escrita en tiempo de los Reyes Católicos? Es cierto que el infame materialismo francés del siglo XVIII, los escándalos de la Regencia y la monstruosa relajación de las Cortes de entonces, concurrieron a producir un enjambre de libros obscenos e impíos; pero ¿quién los lee ya y no los detesta?

Hoy vivimos en una época más seria, y la juventud no se ocupa tanto de galanteos y de libertinaje. La juventud de ahora, tal vez peca por el extremo contrario, tal vez es demasiado formal, y sin pensar en amores, se dedica a la filosofía, a la política y a las especulaciones mercantiles. Yo no defiendo esta precoz formalidad, hasta me parece antipática y ridícula en muchos; pero es indudable que existe y que hace menos frecuentes la seducción y las relaciones criminales entre ambos sexos. Al joven que se pone a descifrar aquel intrincado laberinto de La doctrina de la ciencia de Fichte, o que se calienta la cabeza con meditaciones y armonías económicas, o que prepara un discurso, atiborrado de sabiduría, para pronunciarle en el Ateneo o en la Academia de Jurisprudencia, casi se le pasan las ganas de enamorar y le parecen antinomias las mujeres. Es, por consiguiente, más bien un preservativo que un escollo de la castidad ese cúmulo de elucubraciones filosóficas y políticas en que ahora todos nos hundimos.

Se lamenta el señor Nocedal de que esas elucubraciones políticas y filosóficas invadan el campo y jurisdicción de la novela. ¿Mas cómo extrañarlo ni cómo remediarlo aunque lo lamentemos, cuando esas lucubraciones han invadido también toda nuestra vida? ¿Cómo extrañarlo, cuando suceda ahora tan a menudo lo que un amigo me refirió poco ha, de un coloquio que sorprendió entre dos enamorados, los cuales estaban hablando del origen del derecho y del desestanco de la sal?

Yo soy más que nadie partidario del arte por el arte. Creo que la poesía tiene en sí un fin altísimo, cual es la creación de la hermosura. Creo que la poesía, y por consiguiente la novela, se rebajan cuando se ponen por completo a servir a la ciencia; cuando se transforman en argumento para demostrar una tesis. Yo creo, por último, que si los autores de estas novelas doctrinales son legos, como sucede con frecuencia, o lo trastruecan y confunden todo, o nos enseñan cosas olvidadas ya de puro sabidas, redundando todo ello en muy notable menoscabo del esparcimiento, regocijo y deleite que de la lectura nos prometíamos. No condeno, sin embargo, que las doctrinas se divulguen por medio de las novelas. Si unas doctrinas son malas, otras son óptimas, y al cabo, en nuestro siglo, ni hay iniciación, ni misterios, ni enseñanza esotérica: todo se sabe por todos, mejor o peor, más temprano o más tarde. Sin novelas, lo mismo que con novelas, hubiera habido siempre socialistas, panteístas, neocatólicos y otros sectarios. En los primeros tiempos del cristianismo, hubo más herejías que ahora, y apenas se escribían novelas.

No es esto conceder que la novela dogmática haya nacido en nuestra edad. Nihil novum sub sole. La novela dogmática es tan antigua como la novela misma. La Ciropedia es una novela política, y el cuento de Apuleyo, singularmente el hermoso episodio de los amores de Psiquis y Cupido, está lleno de símbolo, de las más profundas doctrinas platónicas.

No quiero hacer más citas por no molestar a mis lectores. De sobra he escrito para que se cansen, aunque harto poco para aclarar el asunto que indica el epígrafe de este somero estudio.

Resumiendo ahora mi opinión sobre la última parte, o sea sobre el dogmatismo de la novela, diré que, por regla general, no le apruebo. Perdono, sin embargo, a Goethe, sabio tan profundo como poeta eminente, que en el Aprendizaje de Guillermo Meister hable tanto de artes, de comercio, etc., etc.; a Jacobi, que exponga la filosofía del sentimiento en su Woldemar; y a Tirso, que en El condenado por desconfiado, nos dé un drama teológico sobre la predestinación y el libre albedrío. Pero no todos los hombres de imaginación son hombres de ciencia, y no siéndolo, es lo mejor escribir novelas para deleitar honestamente sin sermones ni disertaciones, bien sean progresistas, como dicen que son las de Ayguals de Izco, que yo no he leído, bien sean retrógradas, como las de Fernán-Caballero, escritor de mérito, sin duda, pero que aún le tendría mayor, si no se propusiera probar.

Feliz el autor de Dafnis y Cloe, que no consagró su obrilla a Minerva, ni a Temis, sino a las ninfas y al Amor, y que logró hacerse agradable a todos los hombres, o descubriendo a los rudos los misterios de aquella dulce divinidad, o recordándolos deleitosamente a los ya iniciados. Ojalá viviésemos en época menos seria y sesuda que esta que alcanzamos se pudiesen escribir muchas cosas por el estilo.

(Crónica de Ambos Mundos.)

Libros a la carta

A la carta es un servicio especializado para

empresas,

librerías,

bibliotecas,

editoriales

y centros de enseñanza;

y permite confeccionar libros que, por su formato y concepción, sirven a los propósitos más específicos de estas instituciones.

Las empresas nos encargan ediciones personalizadas para marketing editorial o para regalos institucionales. Y los interesados solicitan, a título personal, ediciones antiguas, o no disponibles en el mercado; y las acompañan con notas y comentarios críticos.

Las ediciones tienen como apoyo un libro de estilo con todo tipo de referencias sobre los criterios de tratamiento tipográfico aplicados a nuestros libros que puede ser consultado en Linkgua-ediciones.com.

Linkgua edita por encargo diferentes versiones de una misma obra con distintos tratamientos ortotipográficos (actualizaciones de carácter divulgativo de un clásico, o versiones estrictamente fieles a la edición original de referencia).

Este servicio de ediciones a la carta le permitirá, si usted se dedica a la enseñanza, tener una forma de hacer pública su interpretación de un texto y, sobre una versión digitalizada «base», usted podrá introducir interpretaciones del texto fuente. Es un tópico que los profesores denuncien en clase los desmanes de una edición, o vayan comentando errores de interpretación de un texto y esta es una solución útil a esa necesidad del mundo académico.

Asimismo publicamos de manera sistemática, en un mismo catálogo, tesis doctorales y actas de congresos académicos, que son distribuidas a través de nuestra Web.

El servicio de «libros a la carta» funciona de dos formas.

1. Tenemos un fondo de libros digitalizados que usted puede personalizar en tiradas de al menos cinco ejemplares. Estas personalizaciones pueden ser de todo tipo: añadir notas de clase para uso de un grupo de estudiantes,

introducir logos corporativos para uso con fines de marketing empresarial, etc. etc.

2. Buscamos libros descatalogados de otras editoriales y los reeditamos en tiradas cortas a petición de un cliente.